LA RENTRÉE *DES* THÉATRES.

LA RENTRÉE DES THÉATRES, OU L'INVENTION, COMÉDIE EN UN ACTE ET EN VERS,

Représentée, pour la premiere fois, par les Comédiens Italiens ordinaires du Roi, le 14 Avril 1760.

Par M. BRUNET.

Le prix est de vingt-quatre sols.

A PARIS,
Chez CAILLEAU, Libraire, quai des Augustins, à Saint André.

M. DCC. LX.

Avec Approbation & Permission.

A MADEMOISELLE
CAMILLE,
EPITRE DE'DICATOIRE.

LE tendre Amour qui forma tes attraits,
Ce Dieu charmant dont tu portes les traits,
Ne veut qu'à toi préſenter mon hommage:
Jeune Camille adopte cet Ouvrage,
D'un nom plus cher pourrois-je l'embellir?
De tout Paris je brigue le ſuffrage,
Qui ſçait te plaire a droit de l'obtenir.
Loin de mes Vers tous ces titres ſublimes,
Dont les Auteurs s'appuyerent jadis
Et dont l'éclat décorant leurs Ecrits,
Aux yeux du monde enrichiſſoit leurs rimes.
Ils ne ſont plus ces nobles Bienfaiteurs
A nos Talens attachés par l'eſtime,
Aimant par choix, conſtans dans leurs faveurs
Et n'enviant qu'un encens légitime!
D'amers Lauriers conſacrés à l'ennui
Le Dieu des Arts ſe nourrit aujourd'hui:
Des Grands ſans ceſſe éprouvant l'injuſtice,
Chéri par air, mépriſé par caprice.
L'ambition éteinte dans mon cœur

A

EPITRE.

Laiſſe à l'Amour le ſoin de le conduire.
Qui tous les jours t'applaudit & t'admire
Peut dans tes fers trouver tout ſon bonheur :
A ce que j'aime, ô Nymphes trop vieillies,
O doctes Sœurs, que ne reſſemblez-vous !
En careſſant des Muſes ſi jolies
Que d'un Auteur le ſort paroîtroit doux !
Deviens la mienne, adorable Camille,
Guide ma voix, préſide à mes accords,
Inſpire moi ces feux & ces tranſports
Qu'en te voyant il n'eſt que trop facile
Et de ſentir & d'éprouver toujours :
Sois mon ſeul aſtre, éclaire mes beaux jours ;
Non que jamais à des faveurs plus cheres,
En indiſcret, mon cœur oſe aſpirer.
N'enflamez point mes deſirs téméraires
Plaiſirs charmans que je dois ignorer.

ACTEURS.

L'INVENTION,	*Mlle Thérese.*
LE BON SENS,	*M. Balletti.*
L'ESPRIT,	*Mlle Catinon.*
UN POETE SATIRIQUE,	*M. Dehesse.*
UN POETE D'OPÉRA,	*M. Desbrosses.*
UN MUSICIEN,	*M. Chanville.*
UN MAISTRE DE BALLETS,	*M. Le Jeune.*
LE RÉCITATIF FRANÇAIS,	*M. Rochard.*
L'ARIETTE FRANÇAISE,	*Mlle Desglands.*
L'ARIETTE ITALIENNE,	*Me Favart.*
ARLEQUIN.	
Mlle CAMILLE.	

La Scene est dans le Palais de l'Esprit, sur le Parnasse François.

LA RENTRÉE DES THÉATRES, OU L'INVENTION, *COMÉDIE.*

SCENE PREMIERE.

L'INVENTION, LE BON SENS.

LE BON SENS.

Les Muſes, en ce jour, reprennent leurs travaux,
Déjà tout retentit de leurs accords nouveaux.
Mais quel ordre puiſſant en ce lieu nous ramene!
Croirai-je, comme vous, aimable Invention,
Qu'abjurant du faux goût la vaine illuſion,
On veuille ſous nos loix remettre enfin la ſcene?

L'INVENTION.

Que cet inſtant m'eſt doux! Je revois le ſéjour,
Où l'heureux ſéducteur du monde,

Le Dieu des jolis riens tient ſa brillante cour,
Où l'Eſprit a puiſé ſa richeſſe féconde.
Hé bien, que penſez-vous maintenant de Paris?
Ne vous ſemble-t-il pas tout un autre pays?
Dieu du Bon Sens, Parlez.

LE BON-SENS.

Que pourrai-je vous dire?
Je le contemple & je ſoupire.
Du Parnaſſe Français la chute me fait peur.
Je me rappelle en vain ſa premiere ſplendeur;
Mes yeux, qu'afflige ſa diſgrace,
N'en découvrent aucune trace.
A peine rappellé vers ce monde nouveau,
Avec empreſſement j'en parcourus l'enceinte:
Je n'inſpirai pas plus de reſpect ni de crainte,
Qu'un Grand qui dans les Cours voyage *in cognito*.
A l'accueil qu'on me fit je ne m'attendois guere.
Il faut que j'y ſois devenu
Une Divinité tout-à-fait étrangere,
Perſonne ne m'a reconnu.
Belle Déeſſe du Génie,
Vous penſez voir la fin de nos calamités;
Mais comment des mortels détruire la manie?
L'Eſprit, ce fils ingrat qu'ont perdu nos bontés,
A fait à nos dépens chérir ſa tyrannie,
Et mes ſages avis ſeront mal écoutés.

L'INVENTION.

Moi, je connois Paris, & j'ai plus d'eſpérance.
Vous revenez aprés une aſſez longue abſence,

Pour qu'il retrouve en vous, dans ce jour ſouhaité,
L'agrément de la nouveauté.

LE BON-SENS.

L'eſpoir nous trompe auſſi bien que les hommes.
Oubliez l'un & l'autre au point où nous le ſommes,
Quel effet peut produire ici notre retour?
L'erreur, de la raiſon a dépeuplé la Cour;
Le preſtige, qui me remplace,
Appelle de mes loix, comme d'autant d'abus,
Et des lauriers qui vous ſont dus
L'indigne Plagiat ſe pare avec audace.

L'INVENTION.

Le fruit de nos chaſtes amours.
Cet Amant de la bagatelle,
L'Eſprit, qui nous bannit, aujourd'hui nous rappelle.
De ſes heureux ſuccès il voit baiſſer le cours.
Il ſent qu'il a beſoin de notre prompt ſecours.
Enfant ambitieux, en légere cervelle,
Il crut, impunément tranchant du Souverain,
Pouvoir donner des loix à tout le genre humain.
Il reconnoît ſa faute, & nous demande grace;
Notre réunion peut tout changer de face.

LE BON-SENS.

D'un augure ſi doux, je n'oſe....

L'INVENTION.

Le voici.

SCENE II.

L'INVENTION, LE BON-SENS, L'ESPRIT.

L'ESPRIT.

Avec l'Invention le Bon-Sens est ici;
Quel bonheur! Je rens grace au sort qui nous rassemble.
Paris depuis long-tems ne nous a vus ensemble,
Et de vous retrouver, j'étois impatient.

LE BON SENS.

Son aspect me desarme. Ah! qu'il est attrayant!
Les mortels ont-ils tort de ceder à ses charmes?
Ingrat! que loin de toi j'ai répandu de larmes!

L'ESPRIT.

Oublions tout cela, vous êtes bien vengé.

L'INVENTION.

Fripon dénaturé, tu sais combien je t'aime.

LE BON SENS.

Je ne puis soutenir moi-même
L'éclat brillant de l'or dont je le vois chargé,
Et mon secret dépit à l'admirer s'occupe.

L'ESPRIT.

Bon! vous vous y trompez! Oh! le trait est charmant.
Mon clinquant vous séduit. Je suis ravi vraiment
Que vous soyez aussi ma dupe.

Allons, demandez-moi des nouvelles du tems.
Je veux vous divertir de toutes mes sotises.
J'ai fait d'heureuses entreprises,
J'ai vû tous les mortels me prodiguer l'encens,
Révolté contre vous, j'ai détruit votre empire,
Je fus assez tyran pour oser vous proscrire,
J'ai fait une folie ; hé bien, je m'en repens.

L'INVENTION.

L'excuse est très-touchante.

L'ESPRIT.

En est-on moins sincere
Pour demander pardon gaiment?
C'est un ton qui m'est propre, & l'Esprit autrement
Sortiroit de son caractere.

LE BON SENS.

La prévoyance est juste. Oui, vous êtes fini.
Il ne manque plus rien à votre extravagance,
Car vous sçavez, en étourdi,
Employer jusqu'à la prudence.

L'INVENTION.

Pour nous redemander quelle est votre raison?

L'ESPRIT.

C'est que je suis à bout. Je n'ai que du jargon.
Sur des frivolités ma gloire se promene.
D'un or éblouissant je vins couvrir la Scene,
Mais cet or a rougi ; mon regne est terminé.
A me rendre nouveau je perds enfin ma peine ;
De toutes les façons je me suis retourné.
Riante Invention, vous, ma divine mere,
Vous êtiez autrefois une fertile terre,

Qui de fleurs nous environniez,
Vous, Bon-Sens, vous les cultiviez;]
Et moi, semblable au Dieu qu'adore la Nature,
En les embellissant j'en faisois ma parure.
Mais le Zéphir des arts, sans votre heureux soutien,
N'a plus qu'un souffle aride, & qui ne produit rien.
Il faut pourtant qu'ici je me rende justice,
Si j'ai nui, j'ai du moins rendu quelque service;
Car il n'est plus d'état qui n'ait ses beaux esprits,
Et j'ai de l'ignorance affranchi tout Paris.

LE BON SENS.

Cela vous fait honneur.

L'ESPRIT.

Infiniment, je pense.

L'INVENTION.

Si Paris vous en doit de la reconnoissance,
Ne regrettez-vous pas tous les originaux
Que le Théatre y perd.

L'ESPRIT.

Tant pis pour le Théatre.

L'INVENTION.

Dans cette ville enfin s'il n'est plus défauts....

LE BON SENS.

Plus de défauts? Hé quoi! du prestige idolâtre,
Croyez-vous donc l'Esprit le centre des vertus?

L'ESPRIT.

A bien m'examiner, ce seroit un abus.

L'INVENTION.

Et comment aujourd'hui gouvernez-vous Thalie,
Cette Muse enjouée, aux traits vifs & saillans,

Dont le rire animoit les transports semillans ?
De mes plus riches dons je l'avois embellie.

L'ESPRIT.

Apparemment que vos dons éclatans,
Pour l'avenir l'ont assez enrichie ;
A ne rien faire, elle passe son tems.
Le sublime d'ailleurs l'a presque anéantie,
Et le goût sérieux ne permet plus qu'on rie.
On la laisse, par grace, ébaucher ses talens.
Mais aussi, dites-moi par quelle mal-adresse
On la logea si près de l'auguste Déesse,
Qui retrace à nos yeux les Héros & les Rois ?
Il est bien naturel qu'un visage bourgeois
N'ait pas grand air chez la noblesse.

LE BON SENS.

Ainsi la Tragédie a toutes vos faveurs.

L'ESPRIT.

Elle triomphe encore en dépit des Censeurs.
Elle se sent pourtant beaucoup de son vieil âge,
Sa conduite insensée est un vrai radotage ;
Mais ce n'est plus son tems de jouer de malheur,
Et le Public pour elle est plein de politesse.
S'avise-t-on d'abord de proscrire une piece ?
Le lendemain, sans faute, on demande l'Auteur,
A le fêter chacun s'empresse ;
Puis on le laisse, avec honneur,
Sous un laurier sans séve enterrer sa langueur.

L'INVENTION, *au Bon-Sens.*

Que l'espoir du Bon-Sens sur tant d'égards se fonde,
A reparoître ici vous ne risquez plus rien,

Et je crois que Paris vous recevra fort bien,
Puisqu'on a la bonté d'y fêter tout le monde.

L'ESPRIT.

J'ai, contre mon humeur, fait, je ne sai comment,
Une réflexion sensée.
Si du Public la rigueur s'est lassée,
Quelque jour l'indulgence en pourroit faire autant ;
Sa force chancelante aisément se rebute,
Et tout ce qu'elle étaye est bien près de sa chute.
De mes égaremens perdez le souvenir,
Et rendez-moi votre tendresse.
Mon intérêt dictant mon repentir,
Vous n'en devez que mieux compter sur ma sagesse.

L'INVENTION.

Une aimable saillie orne tous vos discours,
Vous êtes enjoué jusques dans la franchise.
Nous oublions votre sotise ;
Un si charmant coupable intéresse toujours.

LE BON SENS.

Dans nos cœurs satisfaits reprenez votre place.
Votre repentir nous apprend
A pardonner de bonne grace.

L'INVENTION.

Quel est cet homme sec au regard menaçant ?

L'ESPRIT.

A son air farouche & caustique,
Je devine que c'est quelque Auteur satyrique.

SCENE III.

L'INVENTION, LE BON-SENS, L'ESPRIT, UN POETE SATYRIQUE.

LE SATYRIQUE.

ADorables objets de mon affection,
Divin Bon-Sens, féconde Invention,
J'apprens votre retour, & vous en félicite.
Grace au ciel, désormais il me sera permis
De fronder tous vos ennemis,
Et de rendre, sans crainte, hommage au vrai mérite.

LE BON SENS.

Il s'annonce assez bien, & ce début me plaît.
Approchez, digne ami. Dans le siecle où nous sommes,
Ce seroit un grand bien si l'on trouvoit des hommes,
Dont la gloire des arts fît l'unique intérêt.
Sans doute, on a proscrit ces Journaux satyriques,
Et ces feuilles périodiques,
Destructeurs du faux goût, vengeurs de la raison.

L'ESPRIT.

Y pensez-vous? Eux proscrits! oh! que non.
Eux seuls des Imprimeurs font fleurir les boutiques,
Ce sont mes plus beaux fonds que les livres critiques,
J'inonde tout Paris de leurs traits passagers.
Chacun près d'Apollon s'érige en nécessaire,
Et c'est précisément dans les tems de misere
Qu'il a le plus de messagers,

L'INVENTION.

Comment le goût frivole a-t-il pris tant d'empire
Si la critique plaît, & se fait toujours lire ?

L'ESPRIT.

On s'en amuse seulement
Par air, par habitude & par délassement.
Ses traits, qui font honneur à ma vive influence,
Ne tirent qu'à plaisir, & point à conséquence.

LE SATYRIQUE.

Dites, dites qu'en prose on persuade mal.
Des Cottin, des Bréboeuf, le terrible adversaire,
Boileau n'écrivit point en langage vulgaire.
Aux sotises du tems le vers seul est fatal.
Il faut, il faut qu'en moi ce grand homme revive,
J'ai le champ aussi vaste, & la morgue aussi vive.

LE BON SENS.

Je vois que de l'Esprit vous blâmez les erreurs.

LE SATYRIQUE.

Eh! peut-on, sans rougir, combler de tant d'honneurs
Tous ces colifichets, qu'au Théatre on admire,
Fades productions d'un stérile délire,
Ces vers enflés de mots, au travail mesurés,
Ces drames dessinés en traits de perspective,
Tableaux sans coloris, de froideurs enquadrés,
Ce flux d'évenemens gauchement préparés,
D'immobiles soldats, cette foule inactive,
Ces caracteres mal tissus,
Quelquefois annoncés, & jamais soutenus,
Ces plats conspirateurs à la fureur oisive,

Ces timides héros stylés sur nos Romans,
Ces Amans sans chaleur, ces Rois sans politique,
Ces tyrans sans esprit, vrais balourds du tragique,
Et ces femmes d'idée aux beaux raisonnemens?

L'ESPRIT.

Ah! le traître fait-là ma vraie anatomie.
Le grand jour me fait peur, souffrez que je fuie.

SCENE IV.

L'INVENTION, LE BON-SENS, LE POETE SATYRIQUE.

L'INVENTION.

Vous pourriez critiquer sans effrayer les gens,
Et vous vous livrez trop au feu de votre verve.

LE BON SENS.

Il faut de la réserve & des ménagemens.

LE SATYRIQUE.

Hé, morbleu! laissez-là votre sotte réserve.
C'est elle qui vous nuit, c'est elle qui vous perd.
Par elle des abus le crédit se conserve.
Qui ne ménage rien se fait craindre & vous sert.
Oui, je veux vous venger en dépit de vous même.
Je veux, dans ma fureur extrême,
Tel qu'un souffle orageux, bouleverser, noyer,
Renverser, ravager, détruire, foudroyer.
Malheur à tous ces froids artistes

Barbouilleurs de portraits, découpeurs de tableaux!
Malheur à tous nos rapsodistes
Aux vers sonnant à vuide enfermés de grands mots!
Malheur aux sots tyrans, malheur aux plats héros!
Malheur à ces beautés aux vertus philosophes!
Malheur aux incidens, malheur aux catastrophes!
Chez moi, dehors, au lit, à table, assis, debout,
Jour, nuit, matin & soir, on me verra par-tout
La Satyre à la main, l'Epigramme à la bouche,
Venger l'honneur des arts, dont la chute me touche,
Enfin de la raison rétablir le pouvoir,
Et tout exterminer, même avant de rien voir.

L'INVENTION.

Cet homme est furieux. Laissons-le à sa manie.

LE BON SENS.

D'autres originaux viennent s'offrir à nous.

SCENE V.

L'INVENTION, LE BON-SENS, UN POETE D'OPÉRA, UN MUSICIEN.

LE MUSICIEN *avec transport.*

Vous arrivez, Déesse, & nous volons à vous,

LE POETE *gravement.*

L'amour à vos appas soumet notre génie.

LE MUSICIEN.

Pour célèbrer votre retour,
Tout s'anime dans ce séjour.

LE POETE.

Le murmure des eaux,

LE MUSICIEN.

La fraîcheur de l'ombrage,

LE POETE.

Tout s'empresse à vous rendre hommage.

LE MUSICIEN.

L'aurore est plus brillante.

LE POETE.

Et Flore à nos regards
Renouvelle l'éclat de ses trésors épars.

LE MUSICIEN.

Du tendre rossignol j'entens le doux ramage.

LE POETE.

Enchaînez par vos traits, les amoureux Zéphirs
Enflamment l'air de leurs soupirs.

LE BON SENS *à l'Invention.*

Pouvez-vous rien comprendre à tout ce verbiage?

L'INVENTION.

On devine, à votre langage,
Qu'au lyrique tous deux, Messieurs, vous vous livrez.

LE MUSICIEN.

Oui, d'une noble ardeur l'un & l'autre enyvrez
A ce genre divin nous consacrons nos veilles.
Entassant à l'envi merveilles sur merveilles,
Nous voulons briller seuls aux regards de Paris,
Et qu'on admire en nous vos plus chers favoris.

L'INVENTION.

Lequel de vous des vers entend mieux l'harmonie?

LE POETE.

Ne nous confondez pas, Déesse, je vous prie.
Monsieur n'est que Musicien,
C'est moi qui fais les vers.

LE MUSICIEN.

Mais ce ton lui va bien.
Voyez donc le plaisant visage!
Monsieur n'est que Musicien:
Ne crois-tu pas sur moi mériter l'avantage?

LE POETE.

A bon titre j'y prétendrois.
Sans moi que ferois-tu?

LE MUSICIEN.

Faquin! sans la Musique,
Que ferois-tu toi-même avec ta Muse étique?
C'est de mon embonpoint qu'elle tient ses attraits.

LE POETE.

C'est moi, qui de tes sons t'indique ses effets.
Si je ne dirigeois ton cerveau lunatique,
Que produiroient de beau tes bisarres accès?

LE MUSICIEN.

Quand un Opéra plaît, est-ce toi que l'on fête?

LE POETE.

Qui, dans les imprimés, se voit toujours en tête,
Automate, est-ce toi?

LE MUSICIEN.

Dans nos mauvais succès,
Dis, Muse aux fades hyperboles,
A-t-on jamais osé regretter les paroles?

LE POETE.

La Poësie est pere de notre art,
Et la Musique en est la mere.

LE MUSICIEN.

Nos droits en sont plus sûrs. La qualité de pere
N'est aujourd'hui qu'un nom que l'on porte au hasard,
Celle de mere est seule incontestable.

LE POETE.

D'un pere, quel qu'il soit, le titre est préférable.

LE BON SENS.

Poursuivez, mes amis, vous me charmez tous deux;
J'aime votre union. Si pourtant, à mes yeux,
Quelque trait vous différencie,
Croyez que ce n'est pas le dégré de folie.
Allez, fuyez d'ici.

LE MUSICIEN.

Quel est ce masque-là?

LE POETE.

De quelle autorité nous parle-t-il en maître?

LE BON SEN

Si tu n'étois Poëte d'Opéra,
Je te reprocherois de ne me pas connoître.

L'INVENTION.

Respectez dans ce Dieu le Bon-Sens mon époux.

LE MUSICIEN.

Vous nous le ramenez! Ciel! à quoi songez-vous?

LE POETE.

Ce Pédagogue-là n'est bon qu'à nous contraindre,
A nous gêner, à nous restraindre.

LE BON SENS.

Tremblez de m'offenser, où je vous confondrais
Jusques sur le Théatre, où vos Muses s'exercent.

LE POETE.

Toi? ne t'avise pas de t'y montrer jamais.

LE MUSICIEN.

Plutôt que de ton bras les efforts nous renversent....

LE BON SENS.

J'y regnois autrefois, j'y puis regner encor.

LE POETE.

Entendez-vous, ami, l'impudente menace?

LE MUSICIEN.

A nos justes fureurs donnons un libre essor.

LE POETE.

Oublions nos débats pour punir son audace.

LE MUSICIEN.

Défions son pouvoir.

LE POETE.

Des charmes de notre art
Faisons-nous contre lui le plus ferme rempart.

LE MUSICIEN.

Je sens d'un feu nouveau s'échauffer mon génie.
Secondez mes transports.

LE POETE.

Allez, je versifie.

LE MUSICIEN *prélude.*

LE POETE.

» Brouillons les élémens. «

Le Musicien répete en musique.

» Faisons siffler les vents. «

Le Musicien répete en musique.

» Epuisons la magie.

Le Musicien répete en musique.

» Evoquons les Enfers.

Le Musicien répete en musique.

» De cent monstres divers
» Déchaînons la furie.

Le Musicien répete en musique.

» Tonnez, Dieux en courroux !

Le Musicien répete en musique.

» Que les marbres frémissent !

Le Musicien répete en musique.

» Que les arbres gémissent !

Le Musicien répete en musique.

» Tonnez, Dieux, vengez-nous !

Le Musicien répete en musique.

» Que les mortels pâlissent !

Le Musicien répete en musique.

» Que vos foudres s'unissent. «

LE POETE.

Les Dieux sont en affaire, ils ne répondent pas.

LE MUSICIEN.

Ah ! ce n'est point au ciel que nous cherchons des bras.

LE POETE.

Tu ne t'allarmes point au bruit de son tonnerre,
Mais crains celui de l'Opéra.

LE MUSICIEN.

En notes comme en vers notre art te bravera,
Et nous te déclarons une éternelle guerre.

LE BON SENS.

Oh! comme ces gens-là m'habillent! Sauvons-nous.
Dans la rage qui les dévore,
Ils vont me poignarder, si je m'arrête encore.

LE POETE.

De si loin qu'il nous fuie, il sentira nos coups.

SCENE VI.

L'INVENTION, LE POETE, LE MUSICIEN, UN MAITRE DE BALLETS.

Le Maître des Ballets fait par trois fois, en arrivant, de distance en distance, un entrechat & une révérence à l'Invention.

LE MAITRE DE BALLETS.

Belle Divinité, qu'au Parnasse on adore,
Agréez, en ce jour, mes vœux les plus ardens.
Je suis, pour vous servir, enfant de Terpsicore,
Sujet de la Mesure, aux pas vifs & brillans,
Voltigeur à beaux bras, Roi des êtres dansans,
Et mon art, qu'aujourd'hui tout l'univers honore,
Est devenu la base & l'ame des talens

(*Il fait encore un entrechat & une révérence.*)

L'INVENTION.

Vous avez d'un Danseur toute la modestie.

LE MAITRE DE BALLETS.

Rien ne résiste plus au feu de mon génie.

Des plus grands Dieux je peins la majesté.
C'étoit trop peu pour moi d'armer la jalousie,
D'exciter la frayeur par des sauts de furie.
Ainsi que de Zéphir j'imite la gayté,
Du redoutable Mars j'emprunte la fierté :
Chacun de mes Ballets est un Poëme épique ;
Et j'ai fait de mon art un talent héroïque.

L'INVENTION.

C'est au plus haut degré sçavoir vous élever.

LE MAITRE DE BALLETS.

Il est un but plus noble où je veux arriver.
J'ai long-tems égayé la triste Comédie :
On me pourroit permettre également
De réchauffer aussi la froide Tragédie.
Celle de l'Opéra nous doit assurément,
Depuis qu'on la créa, son plus bel ornement.
L'autre, aussi languissante, & plus sottement fiere ;
Croiroit-elle avilir sa petitesse altiere,
En relevant, par nous, son empire écroulé ?

LE POETE.

Ma foi, c'est un projet que vous m'avez volé.

L'INVENTION.

L'idée est vraiment belle & grande.

LE MUSICIEN.

Oui, n'en déplaise
A la Melpomene Française,
Je sens que des Ballets, qu'on sauroit amener
A l'heureuse façon des Opéra modernes,
Embelliroient beaucoup toutes ces balivernes
Que pour du pathétique on prétend nous donner.

LE POETE.

Tandis qu'on bailleroit de l'esprit & de l'ame,
Du moins les yeux s'amuseroient.

LE MUSICIEN.

Pourvû qu'on soit nouveau, qu'importe qu'on nous blâme?

LE MAITRE DE BALLETS.

Les délicats bravés à la fin se tairoient.

LE POETE.

C'est bien dit; & par-là tous les Arts s'aideroient.

LE MAITRE DE BALLETS *à l'Invention.*

Ecoutez cependant, avant toute autre chose,
Un dessein que je me propose.
Tous nos Musiciens ne nous fatiguent plus
Que d'airs embrouillés, biscornus.
Nos graces avec eux ne sauroient plus paroître.
De l'Opéra laissez-moi seul le Maitre:
Par mes soins vigilans bientôt il renaitra.
Des plus beaux airs de France & d'Italie
Le choix harmonieux réglera mon génie:
C'est l'Orchestre qui chantera,
Et la Pantomime jouera.
Ainsi, toujours brillant & prodigue en merveilles,
Je sauverai l'ennui d'entendre, à tous momens,
Les vers écorcher le bon sens,
Et la musique les oreilles.

L'INVENTION.

C'est à vous de répondre à ses prétentions.
A-t-il raison, ou tort? Messieurs, que vous en semble?

LE

LE MUSICIEN.

Dieux ! répandez ſur lui vos malédictions.

LE POETE.

Rendez-le ſourd, boiteux & manchot tout enſemble.

LE MUSICIEN.

Comment, divin Poëte !

LE POETE.

Eh quoi ! noble Amphion ?

LE MUSICIEN.

Ne punirons-nous point ſa folle ambition ?

LE POETE.

Confondons ſon orgueil extrême.
Du Théâtre à jamais qu'il ſoit banni lui-même.

LE MAITRE DE BALLETS.

Si je voulois bien me venger,
Ce ſeroit de vous laiſſer faire.
A lOpéra je ſuis trop néceſſaire.

LE POÈTE.

Nous ſaurons bien t'en déloger.

LE MAITRE DE BALLETS.

Par ce double entrechat & cette gargouillade,
Je vous défie, & vous & tous vos partiſans.

LE POETE.

Par le rondeau galant, d'une telle incartade
Tu te repentiras long-tems.

LE MUSICIEN.

Par bécare, bémol, la loure & la forlane,
Au néant, par ma voix, la note te condamne.

LE MAITRE DE BALLETS.

Embrouilleur de muſique, étayé de vers plats,
Je me moque de ton fracas.

LE POETE.

Favori de la crampe, aux lauriers faits d'entorses,
Il te sied bien contre nos bras
De vouloir mesurer tes forces!

LE MUSICIEN.

Sappons, sappons sa gloire, & ne l'épargnons pas.

LE POETE ET LE MUSICIEN *chantant.*

DUO DE TANCREDE.

» Suivons la fureur & la rage;
» Hâtons-nous, vengeons-nous; nous sommes ou-
» tragés:
» L'univers a vu notre outrage;
» Quelle honte pour nous de n'être point vengés! »

Pendant ce Duo, le Maître de Ballets exprime son dépit par une danse menaçante; puis il s'enfuit avec précipitation, aux sons languissans d'une symphonie qui endort le Poëte & le Musicien.

SCENE VII.

L'INVENTION, LE RÉCITATIF FRANÇAIS. LE POETE ET LE MUSICIEN *endormis.*

QUEL charme les endort, & quel vieux personnage
Vient nous offrir ici son ennuyeux visage?
Je pense le connoître, & mon œil confondu
Ne peut se rappeller en quels lieux je l'ai vu.

LE RÉCITATIF *chantant.*

» De l'Empire ébranlé des sons & de la rime,
» Reconnoissez en moi le soutien magnanime.
» J'ai vu long-tems Paris, enchanté de mes airs,
» Sans s'en appercevoir, dormir les yeux ouverts.
» C'est moi qui, promenant l'ennui de scène en scène,
» Un poignard à la main, fais chanter Melpomene.
» Compagnon de Morphée, on m'appelle, en deux
» mots,
» Le grand Récitatif couronné de pavots.
» Malgré qu'on dorme ou que l'on baille,
» Faites renaître mes appas.
» Hélas! où voulez-vous que j'aille,
» Si Paris ne me garde pas? «

L'INVENTION.

Vous m'étonnez par cette plainte;
Et d'un juste dépit je sens mon ame atteinte.
Depuis quand faites-vous dormir?
Quel langage!

LE RÉCITATIF.

Voilà celui qu'il faut tenir,
Si l'on veut du bon ton paroître avoir l'usage.
Depuis que l'on a fait venir
Cette musique à grand tapage,
Qui ne fait que nous étourdir,
Je joue en cette Ville un fort sot personnage:
Je parois d'un ennui, d'une glace à périr.

L'INVENTION.

Toujours la nouveauté fut l'ame du Théâtre:
De ses attraits Paris est surtout idolâtre.

Mais sur son nouveau goût avant de dire rien,
Je veux que l'on me chante un peu d'Italien.

LE RECITATIF.

(On entend un prélude.)

Cette légere symphonie
Annonce que l'on va contenter votre envie.

SCENE VIII.

L'INVENTION, LE RÉCITATIF FRANÇAIS, L'ARIETTE FRANÇAISE, L'ARIETTE ITALIENNE, LE POETE ET LE MUSICIEN *réveillés par la symphonie Italienne*

L'ARIETTE FRANÇAISE, *à l'Italienne.*

Petite Ultramontaine, il vous sied bien ici
D'affecter cet air d'importance,
Et de vouloir sur moi garder la préséance.

L'ARIETTE ITALIENNE.

Tout le Public le veut ainsi.

L'ARIETTE FRANÇAISE

Tout le Public a tort....

L'INVENTION.

Quelle est votre querelle?
Sur quoi disputez-vous?

L'ARIETTE ITALIENNE.

Sur une bagatelle.

L'ARIETTE FRANÇAISE.

Vraiment vous répondez d'un ton victorieux.

L'INVENTION.

Dites-moi du moins qui vous êtes.

LE RÉCITATIF FRANÇAIS.

Deux folles, entre nous.

L'ARIETTE FRANÇAISE.

Nous ſommes Ariettes.
Madame eſt d'Italie, & moi, née en ces lieux,
J'oſe lui diſputer ici la préférence.

L'INVENTION.

La naturalité n'eſt point un droit, je penſe,
Où l'on doive tenir les Arts aſſujettis.
Le monde eſt leur Patrie, & non Rome ou Paris.
Pour peſer vos talens dans leur juſte balance,
Sans partialité je veux vous écouter.
Vous, comme Citoyenne, il faut, par déférence,
Que la premiere on vous laiſſe chanter.

L'ARIETTE FRANÇAISE.

(Imitant ces Actrices priſes des Chœurs, qui chantent ſans faire aucun geſte.)

Vous allez voir ſur moi ſi l'on peut l'emporter.
» La gloire t'environne,
» Et la victoire te couronne :
» Vole, triomphe, regne, Amour,
» Bleſſe, enchaîne, enchante nos ames ;
» Lance, fais briller en ce jour
» Les traits dont tu nous enflammes.

LE POETE.

Que ce beau choix de mots produit de grands effets !

L'INVENTION.

Mais vous roidiſſez-vous exprès ?

Avec ces bras pendans, faites donc quelque chose;
Quelques gestes du moins.

L'ARIETTE FRANÇAISE.

Des gestes? Oh! je n'ose.
A l'Opéra nous n'en faisons jamais.
Mais il faut vous donner une suite complette
De tous les mots saillans qui forment l'Ariette.

(*Elle fait quelques gestes d'un air innocent.*)

» Badinez, folâtrez, voltigez, doux Zéphirs.
» Comme l'eau qui murmure, on voit le tems qui
» coule.
» Quel ravage! j'entends le tonnerre qui roule:
» Il se réveille, il gronde! Allez, fuyez, plaisirs.
» Le tems s'éleve enfin, rentrez dans cet Empire,
» Et revenez nous faire rire «.
Ainsi dans vingt-trois mots je sai me contenir.

L'INVENTION.

Le cercle est bien étroit. Qui peut s'y maintenir?

L'ARIETTE FRANÇAISE.

Bon! les difficultés sont une douce amorce.
La saillie avec moi n'en a que plus de force.

L'ARIETTE ITALIENNE.

A mon tour à présent je vais vous divertir.

LE MUSICIEN.

En duo je ferai la seconde partie.

(*Elle chante un Duo Italien avec le Musicien*.

L'INVENTION.

J'admire votre symphonie.

LE POETE.

Ce tintamare anime & réveille le goût.

LE MUSICIEN.

Ma foi, l'Italien eſt au-deſſus de tout.
Auſſi nous nous prétendons faire une Tragédie,
Où doivent briller ſeuls le léger & le vif,
Sans Ballets ni Récitatif,
Toute en Ariettes.

L'ARIETTE FRANÇAISE.

Françaiſes ?

LE POETE.

Françaiſes ! Juſte ciel ! Dans de telles fadaiſes
Oſerions-nous donner en ce ſiécle éclairé ?

LE RECITATIF, *à l'Ariette Françaiſe.*

Le faux goût vous détruit : il m'a preſque enterré.

L'INVENTION, *à l'Ariette Italienne.*

L'amour qu'on a pour vous me paroît légitime.
Mon premier ſentiment eſt de vous applaudir.
Mais le bon ſens lui ſeul doit fixer mon eſtime :
(*montrant le Poëte & le Muſicien.*)
Il étoit avec moi ; ces Meſſieurs l'ont fait fuir.

L'ARIETTE FRANÇAISE.

A mes ſons éclatans ſe peut-il qu'on préfere
Le chant entortillé d'une folle Etrangere ?

L'INVENTION.

Une Divinité, vieille depuis long-tems,
Devroit ſe diſtinguer par un goût plus antique.
Mais je vous l'avouerai, la nouveauté me pique :
J'en demande pardon à vos ſons languiſſans.

L'ARIETTE FRANÇAISE.

Soutiens de l'Opéra, venez, divins Orphées,
Réparez mon honneur, par vos accords puissans:
De ma fiere Rivale abattez les trophées;
Qu'elle tombe, en dépit de tous ses partisans.

L'ARIETTE ITALIENNE.

Je ris de la menace, & dans ce jour de fête,
De lauriers triomphans je vais ceindre ma tête.

SCENE IX.

L'INVENTION, LE RECITATIF FRANÇAIS, LE POETE, LE MUSICIEN.

LE RECITATIF, *à l'Invention.*

L'ATTENTE de mon sort me cause un juste effroi.
Qu'allez-vous ordonner de moi?

LE MUSICIEN.

Chassez cet importun: qu'il aille en Laponie,
A la Chine, au Japon, en Perse, en Tartarie.

LE POETE.

Défaites-nous de lui définitivement.

L'INVENTION.

L'Ariette n'est pas d'assez grande importance,
Pour craindre que mon jugement
Puisse pour votre honneur tirer à conséquence:
Ses éclairs séducteurs ne frappent qu'en passant.
C'est vous qui du lyrique êtes le fondement.
Je sai que l'on vous rend justice en Italie.

Vous seul du sentiment avez l'expression.
On peut prendre, en effet, le bon de chaque chose,
Sans prodiguer à tout son admiration :
C'est le but que je me propose.
Entre nous, cependant, ayez attention
De corriger un peu votre monotonie :
Défaites-vous surtout de vos vieilles longueurs ;
Et des charmes de l'harmonie,
Avec des airs plus neufs, soutenez vos langueurs :
Le bon sens vous créa ; malgré tous vos censeurs,
Votre gloire aisément peut être rétablie.

LE RECITATIF.

Ah ! vous jugez, Déesse, en Reine du Génie.
Je vais dans tout Paris célébrer vos faveurs.

(*Il chante en s'en allant.*)

» Quel triomphe pour nous ! quel plaisir ! quelle gloire !
» Montrons notre allégresse aux yeux de l'univers :
» Chantons, &, par les plus beaux airs,
» Annonçons-lui notre victoire «.

(*Il s'en va.*)

LE MUSICIEN, *à l'Invention.*

Qui peut vous inspirer ces sentimens pervers ?

LE POETE.

Vous l'avez retenu ! quel est votre caprice ?

LE MUSICIEN *s'en allant.*

Ah ! quel affront pour nous !

LE POETE *s'en allant.*

Au meurtre ! à l'injustice !

SCENE X.

L'INVENTION, L'ESPRIT *parlant en petit Maître.*

L'ESPRIT.

Je ne suis plus l'Esprit, & vous voyez en moi
L'Ambassadeur musqué de l'Etat petit Maître,
De ce monde léger que la France a vu naître
Et dont le goût frivole étend partout sa loi,
Enfant de la folie & du papillonage,
Qui créa les beaux airs, des riens fonda l'usage,
Mit la raison en interdit,
Et du bon ton inventa le langage,
Qu'entourent les vapeurs, que l'orgueil ennoblit,
Et que le caprice embellit,
Singes délicieux, dont tout l'art rend hommage
Au beau sexe qui les chérit,
Et par qui des Français la langue s'enrichit,
D'un mot, qu'on n'entend pas, appellé persifflage.

L'INVENTION.

Monsieur le Persiffleur, que me demandez-vous ?

L'ESPRIT.

Je m'explique en deux mots. De la Troupe Italique
Le malheureux destin nous pique.
Ces pauvres gens s'épuisent tous
Pour ramener chez eux le Public qui les laisse.
Il semble que ce soit un sort,

Il ne leur réussit pas une seule Piéce :
Celà nous scandalise fort.
Daignez donc, charmante Déesse,
En inspirant enfin des Auteurs plus heureux,
Faire, en notre faveur, quelque chose pour eux.

L'INVENTION.

Je ne sai pas en quoi leur sort vous intéresse.
D'où vient, à leur égard, un soin si généreux ?

L'ESPRIT.

C'est que du moins leur Théâtre nous reste :
Nous y pouvons encore étaler nos appas,
Et, la lorgnette en main, inquiéter tout bas
Et l'aimable coquette, & la prude modeste.
Ces incivils Français, sans nul ménagement,
Nous ont bannis du leur, où nous avions séance ;
Et pour nous consoler d'un si dur traitement,
Ont relégué notre élégance
Dans des loges en bains, où faisant les plongeons,
D'Amours que l'on étoit, on a l'air de Tritons.
Encore est-ce beaucoup si l'on nous voit la tête :
C'est rarement par-là que nous savons briller.
Ainsi nous osons vous prier
De venger tout l'Etat d'un tour si malhonnête.

L'INVENTION.

La perfidie est noire, j'en conviens :
Mais que n'abondez-vous chez les Italiens,
Sans vous embarrasser des Piéces qu'ils vous donnent ?

L'ESPRIT.

Eh ! les Dames n'y viennent point :

Depuis un an entier elles les abandonnent.
Ce vuide nous excede.

L'INVENTION.

Ah ! voilà le grand point.

L'ESPRIT.

Le plaisir en tous lieux languit par leur absence :
Il ne tient qu'à leur être ; il vit par leur présence ;
L'esprit même en reçoit de plus vives couleurs.
De ce sexe charmant la vue enchanteresse
En faveur des talens dispose mieux les cœurs.
On se prévient toujours pour ce qui l'intéresse :
Tout paroît s'embellir des traits dont il nous blesse,
Et s'animer du feu de leurs regards vainqueurs.
Les Muses à Paris font les frais du spectacle,
Les Acteurs les honneurs, les Dames l'agrément.
Chez nos Italiens plus de femme à présent,
Qu'il ne faille crier miracle

L'INVENTION.

Pour ne vouloir plus, en effet,
S'amuser de leurs bagatelles,
Leur en a-t-on donné quelque sujet ?

L'ESPRIT.

Je dois être l'Esprit en répondant pour elles.
Mais je ne sai comment les excuser.
Sur la mode leur goût se fonde.
Ce mépris rigoureux n'est qu'un ton du beau monde,
Et le Sexe au bel air ne peut se refuser.
Avec leur tendre caractère
Ce caprice pourtant paroît mal s'accorder.
Un sentiment plus doux sauroit mieux les guider.

On vit naître les Arts du desir de leur plaire.
L'é clatde leurs yeux enchanteurs
Au sein de l'homme apporta la lumiere,
Et polit à la fois son esprit & ses mœurs.
Les talens ne sont faits que pour leur rendre hommage.
Avec égalité lorsque de leur suffrage
Elles daignent sur eux répandre les faveurs,
Elles ne font partout qu'honorer leur ouvrage.

SCENE XI.

L'INVENTION, L'ESPRIT, ARLEQUIN.

ARLEQUIN *fredonnant.*

REPOSONS-NOUS ici.

L'ESPRIT.

C'est Arlequin vraiment,
Il est las. De Province il arrive peut-être.

ARLEQUIN.

De mon retour faites-moi compliment.
Mon voyage est un coup de Maître.
Je veux que cette année on abonde chez nous.
Mais on m'a dit qu'ici je ferois connoissance
Avec une beauté, dont l'heureuse assistance
Doit nous venger bientôt de ce Démon jaloux
Qui de notre Théatre a banni l'affluence.

L'INVENTION.

Oui, c'est l'Invention, tu la vois en ces lieux.

ARLEQUIN.

Bon jour, Madame la Déesse :
C'est, je crois, à vous qu'on s'adresse
Pour rendre hommage à vos beaux yeux.

L'INVENTION.

Mais c'est bien entendu.

ARLEQUIN.

Je sai la politesse.

L'ESPRIT.

On ne peut mieux, sans contredit.

ARLEQUIN.

Qu'est-il ce Monsieur-là ?

L'INVENTION.

C'est mon fils, c'est l'Esprit.
Sa mine avec raison te paroît étrangere.

ARLEQUIN.

Ah! ah! c'est-là l'Esprit! Eh! bon jour, mon cher frere.

L'ESPRIT.

Tu m'honores beaucoup par cette qualité.

ARLEQUIN.

Si vous êtes l'Esprit qui donne la science,
Moi, je possede, en récompense,
Celui qui fait toujours vivre en bonne santé.

L'INVENTION.

Mais explique-nous donc quel si grand avantage
Tu prétens recueillir de ton heureux voyage.

ARLEQUIN.

Nous aurons des débuts qui ne finiront pas.

L'ESPRIT.

Des débuts, mon enfant! le Public en eſt las.

ARLEQUIN.

De nous deſeſpérer épargnez-vous la peine.
Qu'imaginer enfin, ſi ma démarche eſt vaine?
On dit que notre jeu maſſacre les Auteurs,
Et que chez nous le Français s'eſtropie:
Pendant notre clôture il m'a pris fantaiſie
D'aller par les pays ramaſſer des Acteurs,
Et j'en amene une recrue.

L'ESPRIT.

De quel pays ſont-ils?

ARLEQUIN.

Tous d'Italie.

L'INVENTION.

O Ciel!

ARLEQUIN.

Aurois-je fait une bévûe?

L'ESPRIT.

Oh! non, l'expédient eſt très-ſpirituel.

L'INVENTION.

Comment veux-tu qu'on puiſſe les entendre?

ARLEQUIN.

Mais ils ſauront parler, pourvû qu'on daigne attendre,
Et c'eſt toujours un fond pour l'avenir.
En dix ans ils pourront ſe faire,
Et pendant ce tems-là, comme à notre ordinaire,
Nous jourons pour notre plaiſir.
On ſait que l'intérêt n'eſt plus notre bouſſole.

Il faut dans nos malheurs que l'eſpoir nous conſole.

L'INVENTION.

J'approuve ton zèle & tes ſoins,
Mais on n'eſt curieux que de pieces nouvelles.
par d'agréables bagatelles
On peut vous relever.

ARLEQUIN.

Aidez-nous donc au moins.

L'INVENTION.

Sais-tu faire valoir une piece Françaiſe.

ARLEQUIN.

J'y ſuis, grace aux Auteurs, aſſez mal à mon aiſe
Pour qu'on ne vous en diſe rien,
Mais je plais dans l'Italien,
Là, je ſuis vif, plaiſant, & tout le monde m'aime.
Je m'y trouve toujours fort bien;
Car je fais mes rôles moi-même.

L'INVENTION.

Devant l'Eſprit & moi, par plaiſir, voudrois-tu
Faire une Scene à l'impromptu?

ARLEQUIN.

Tout ſeul? En conſcience, êtes-vous raiſonnable?
Quand je me donnerois au Diable....
Mais quel objet fripon, d'un maſque revêtu,
Vient nous diſtraire ici par ſes graces charmantes?
Jè ſens que ſa figure eſt des plus attrayantes.

SCENE

SCENE XII & derniere.

L'INVENTION, L'ESPRIT, Mlle CAMILLE *en habit d'Arlequine, & faisant des lazzis avec Arlequin.* ARLEQUIN.

L'INVENTION.

SOn habit est pareil au tien,
Est-ce ta sœur?

ARLEQUIN.

A moins qu'on ne m'en ait dit tien,
Je ne m'en connois point de pere ni de mere.

L'ESPRIT.

Peut-être qu'il veut voir si nous devinons bien;
Et voilà ce qui lui fait taire
Que c'est l'aimable épouse à qui le sort l'a joint.

ARLEQUIN.

Non, grace au ciel, je n'en ait point.
(Il fait de nouveaux lazzis avec Mademoiselle Camille, qui lui donne des coups de sa batte.)
Doucement! la friponne! elle a la main légere.
Je serois ravi de pouvoir
Prendre ma revanche avec elle.
(A l'Invention & l'Esprit.)
Vous ignorez qui c'est. A ce qu'on en peut voir,
C'est un petit Démon femelle,
Qui, pour me lutiner, vient ici tout exprès.

(*Encore lazzis.*) L'ESPRIT.
C'est quelque maîtresse? Hem?
ARLEQUIN.
Quelle idée est la votre?
Malgre ce masque noir qui nous cache ses atraits,
Des yeux du cœur je la reconnoîtrais.
Apprenez que je sai le bon ton comme un autre.
(*Autres lazzis, & Mademoiselle Camille se met à rire.*)
Oh! d'embarras je suis tiré,
Et maintenant le masque est inutile.
Comme une folle elle rit; c'est Camille.
Mlle CAMILLE *se démasquant.*
C'est elle-même.
L'ESPRIT.
Ah! bon! Je l'avois desiré.
L'INVENTION.
Si dans l'Italien souvent tu te surpasses,
Si tu sais y briller avec tant d'agrément,
Je n'en ai point d'étonnement;
Et secondé de tant de graces,
Il seroit mal-aisé de jouer froidement
L'ESPRIT, *en petit maître.*
Aussi quand on vous voit ensemble,
C'est, dit-on, la gaité qui s'unit au plaisir.
ARLEQUIN.
Pour la vivacité, je crois que, sans mentir,
Très-peu de monde nous ressemble.
L'INVENTION.
A l'air embarrassé dont vous me regardez,
Vous paroissez avoir quelque chose à me dire.

Mlle CAMILLE.

Grande Divinité, je tremble....

L'INVENTION.

Demandez,

Vous obliger en tout eſt ce que deſire.

ARLEQUIN.

Modere toi, ſi ta langue le peut.

Mlle CAMILLE *à l'Invention.*

De crainte, en vous parlant, mon ame qui s'émeut
A ſon ambition, peut être téméraire,
Oſera-t-elle ici s'abandonner?
Le Public des talens eſt le juge & le pere;
Tout ne reſpire en moi que l'ardeur de lui plaire.
Au genre Italien j'ai peine à me borner.
Briller dans le Français eſt la gloire où j'aſpire.
Trop heureuſe, ſi quelquefois
Je voyois à mes vœux le parterre ſourire.
Daignez, auprès de lui, me prêter votre voix.
Sa clémence toujours nous mene à ſon eſtime.
Quand on s'en voit d'abord applaudir dans des riens,
On ſent qu'à nos deſirs il accorde les ſiens.
La confiance alors par dégré nous anime;
Et lorſque nos talens, devenus précieux,
Ont mérité qu'il les honore,
Il en doit mieux chérir des fruits nés ſous ſes yeux,
Qu'à force de bontés lui-même a fait éclorre.

L'INVENTION.

Un zèle ſi flateur ſuffit pour l'engager.
Il ſaura l'animer; du moins, j'oſe le croire.
Si de plaire à ſes yeux eſt pour vous une gloire,

Ce doit être un plaisir de vous encourager.
Mais allons du Bon-Sens appaiser la colere.

ARLEQUIN.

Tâchez que le Public nous soit plus indulgent,
Qu'il juge nos efforts d'un regard moins sévere,
Chacun de nous sera content.

L'ESPRIT.

Oui, par nos soins méritons....

ARLEQUIN.

Paix, mon frere,
Quand Arlequin a dit, les Dieux doivent se taire.

FIN.

APPROBATION.

Lû & approuvé par moi Censeur de la Police. A Paris, ce 5 Mai 1760.

CREBILLON.

Permis d'imprimer, à la charge d'enregistrer à la Chambre Syndicale. A Paris, ce 7 Mai 1760.

DE SARTINE.

www.ingramcontent.com/pod-product-compliance
Lightning Source LLC
LaVergne TN
LVHW021716230826
846091LV00006BA/2203

* 9 7 8 2 0 1 9 2 2 4 1 6 5 *